El mundo del flamenco

John Willis

EYEDISCOVER

Ve a **www.eyediscover.com** e ingresa el código único de este libro.

CÓDIGO DEL LIBRO

AVH98298

EYEDISCOVER te trae libros mejorados por multimedia que apoyan el aprendizaje activo.

Published by AV² by Weigl
350 5th Avenue, 59th Floor New York, NY 10118
Website: www.eyediscover.com

Library of Congress Control Number: 2018942797

ISBN 978-1-4896-8189-8 (hardcover)

Printed in the United States of America
in Brainerd, Minnesota
1 2 3 4 5 6 7 8 9 0 22 21 20 19 18

052018
011618

English Editor: Katie Gillespie
Spanish Editor: Ana María Vidal
Designer: Mandy Christiansen
Spanish/English Translator: Translation Services USA

Weigl acknowledges Getty, iStock, Alamy, and Dreamstime as the primary image suppliers for this title.

EYEDISCOVER proporciona contenido enriquecido, optimizado para el uso en tabletas, que complementa este libro. Los libros de EYEDISCOVER se esfuerzan por crear un aprendizaje inspirado e involucrar a las mentes jóvenes en una experiencia de aprendizaje total.

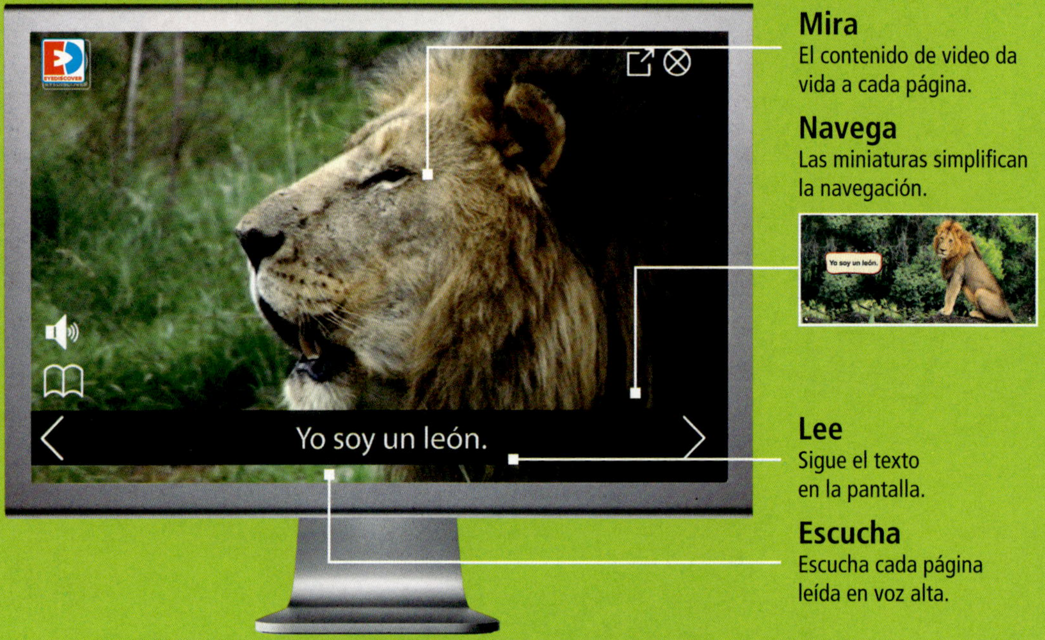

Tu EYEDISCOVER con Seguimiento de Lectura Óptico cobra vida con...

Audio
Escucha todo el libro leído en voz alta.

Video
Los videos de alta resolución convierten cada hoja en un seguimiento de lectura óptico.

OPTIMIZADO PARA
- ☑ TABLETAS
- ☑ PIZARRAS ELECTRÓNICAS
- ☑ COMPUTADORES
- ☑ ¡Y MUCHO MÁS!

El mundo del flamenco

En este libro, aprenderás sobre

- cómo me veo
- dónde vivo
- qué como

¡y mucho más!

Yo soy un flamenco.

Yo soy un ave alta con
un cuello muy largo.
Mi cuello puede girar
de muchas maneras.

Salí de un huevo al nacer.
Era tan pequeño como una
pelota de tenis.

Tengo patas muy largas y pies palmeados. Mis patas largas me ayudan a caminar en el agua.

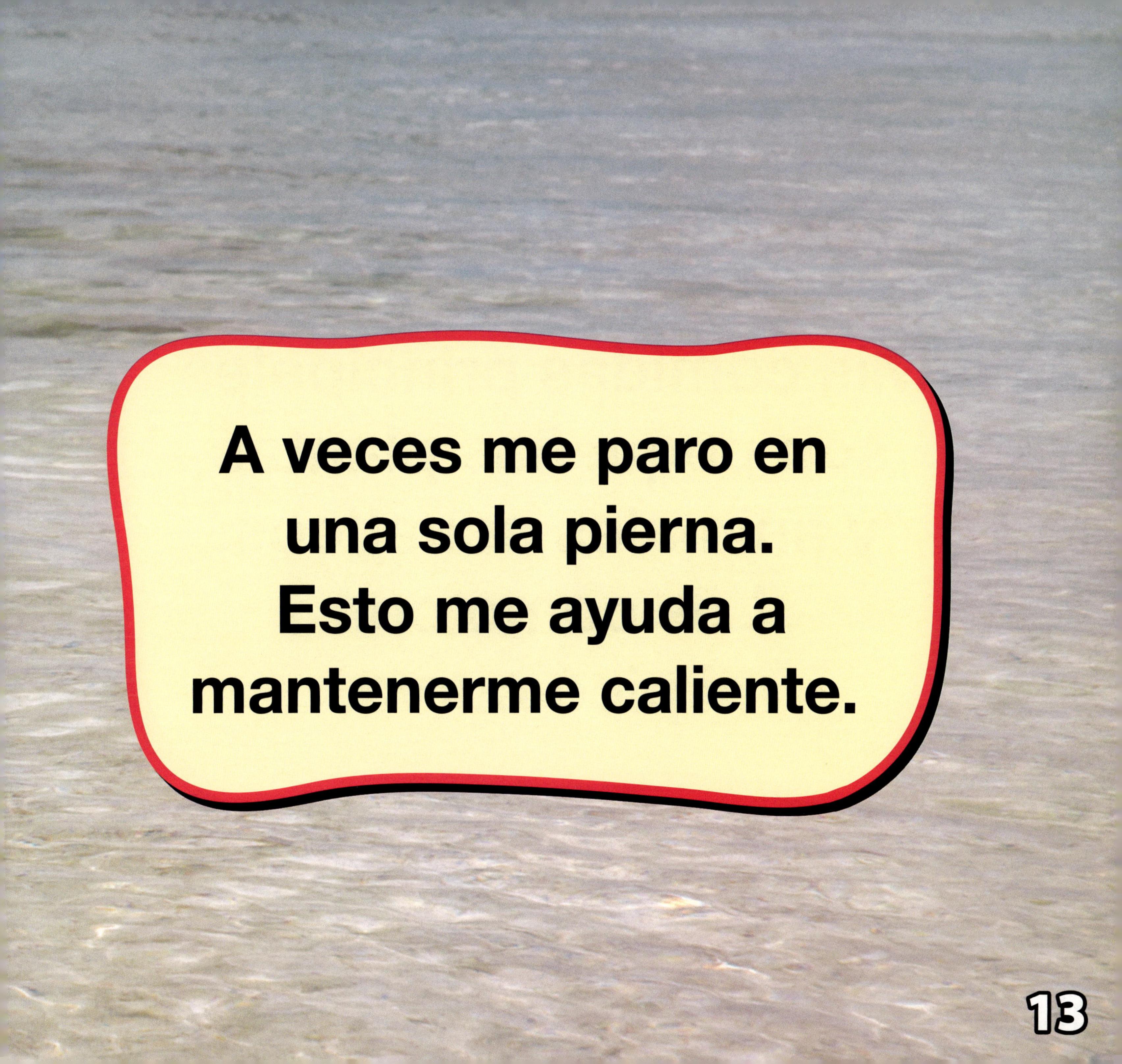

A veces me paro en
una sola pierna.
Esto me ayuda a
mantenerme caliente.

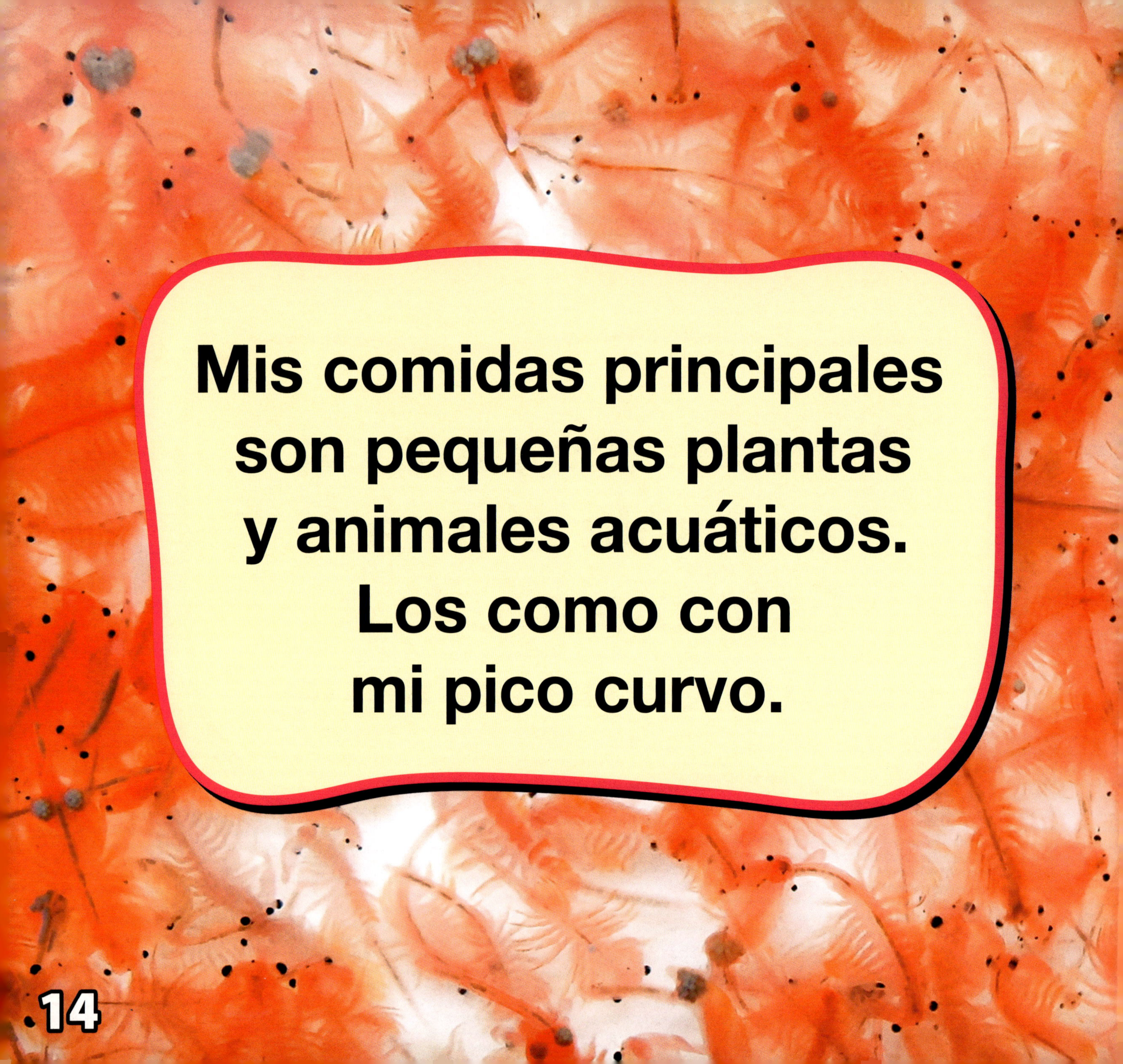

Mis comidas principales son pequeñas plantas y animales acuáticos. Los como con mi pico curvo.

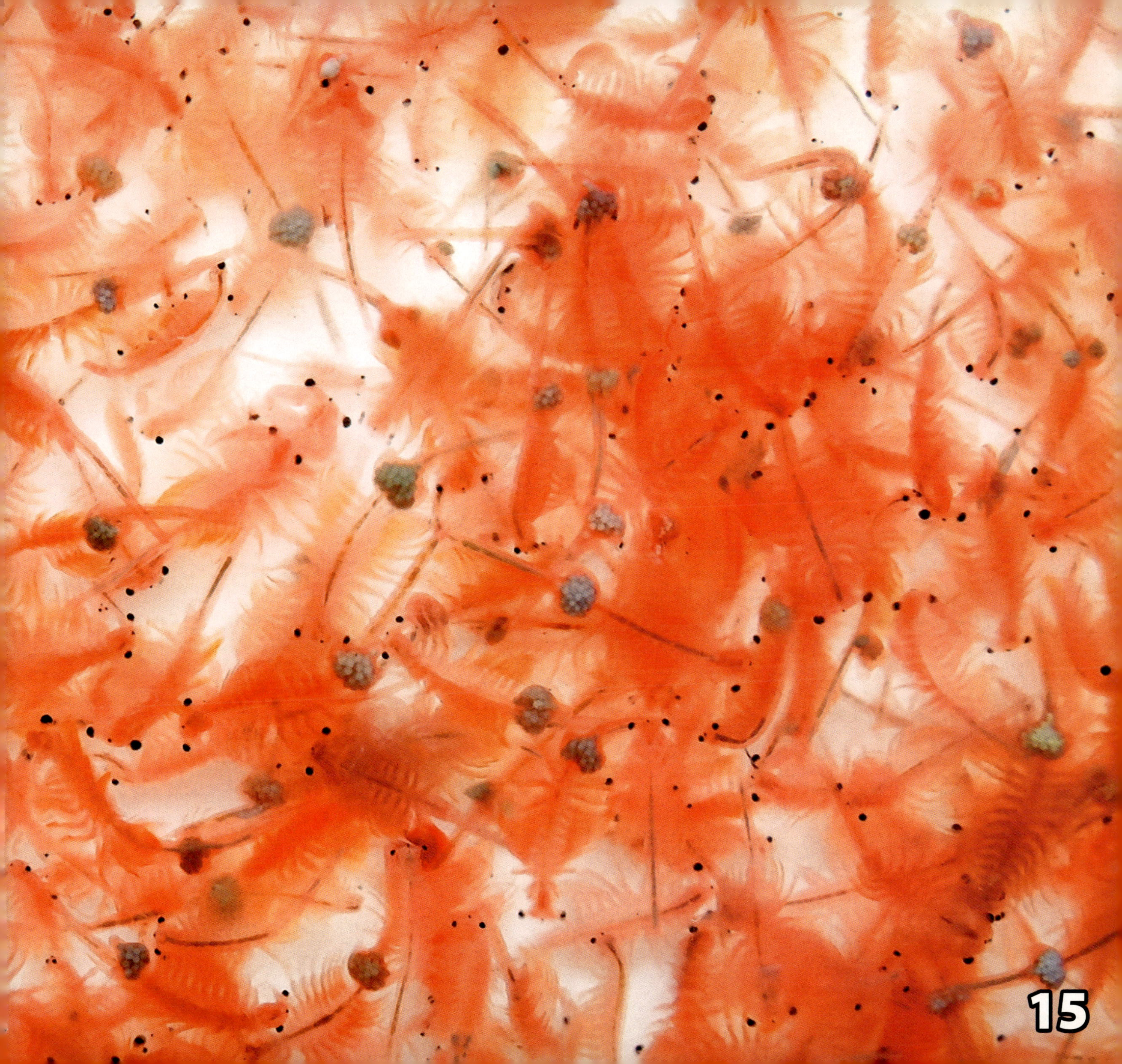
15

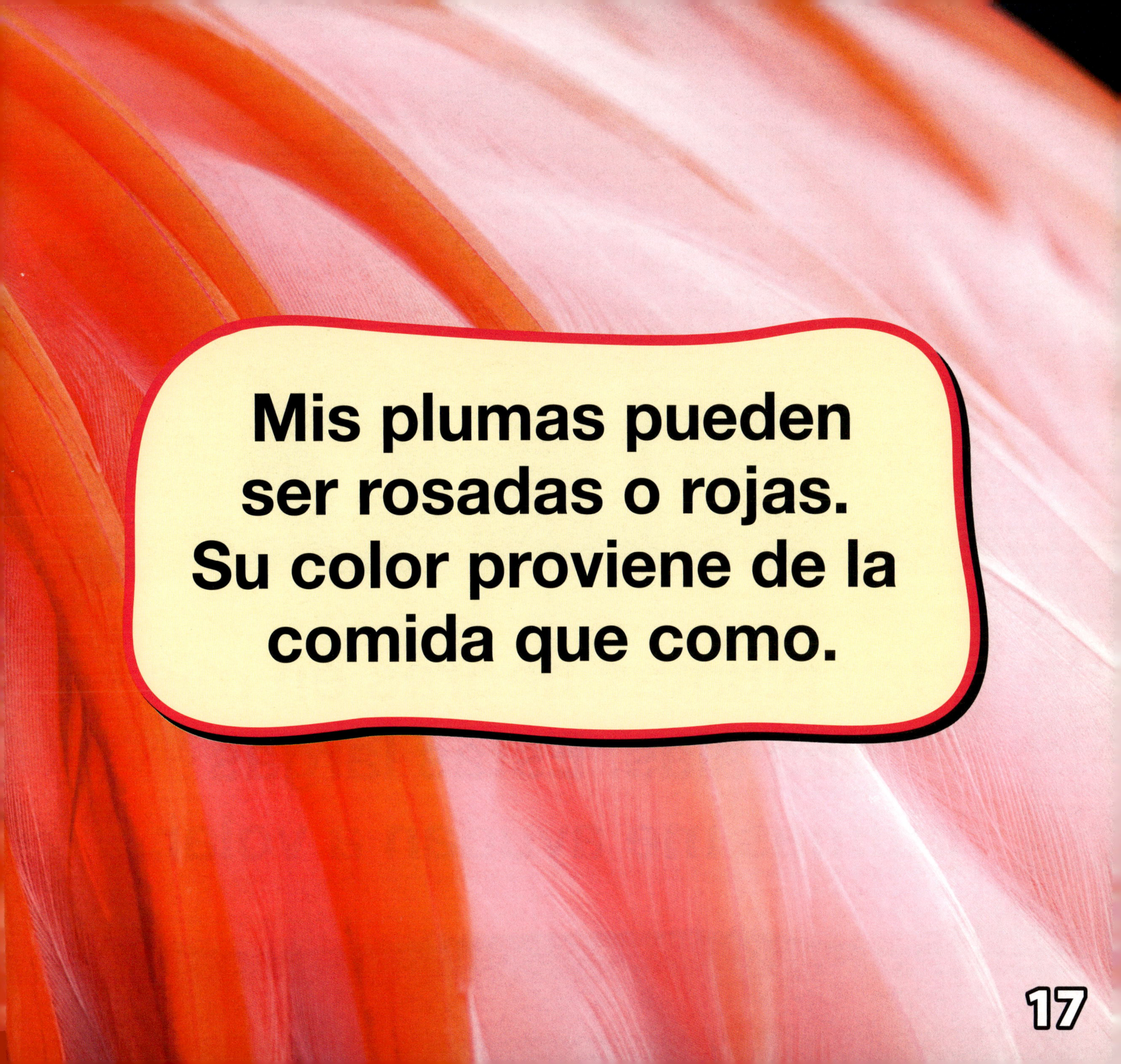

Mis plumas pueden
ser rosadas o rojas.
Su color proviene de la
comida que como.

Hay plumas negras en mis dos alas. Estas largas plumas me ayudan a volar.

Me encuentro en lugares cálidos. Necesito un lago salado para vivir y mantenerme saludable.

FLAMENCOS EN NÚMEROS

Un grupo de flamencos se llama *colonia*.

Hay **6** tipos diferentes de flamencos.

Los flamencos pueden vivir hasta **50** años.

Los flamencos pueden volar mas **35** millas por hora. (56 kilómetros por hora)

Algunos flamencos viven en grupos de hasta **UN MILLÓN** de aves.

Los **flamencos más pesados** pueden pesar alrededor de **10 libras.** (4.5 kilogramos)

Los flamencos ponen **un huevo** a la vez.

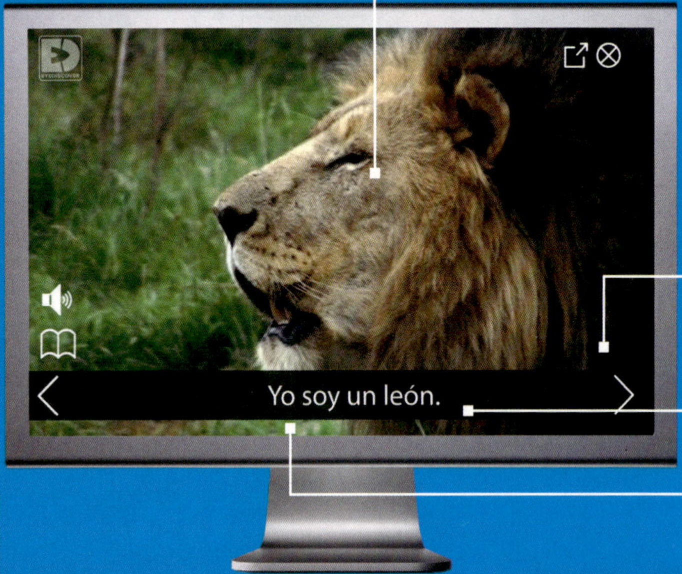

Mira
El contenido de video da vida a cada página.

Navega
Las miniaturas simplifican la navegación.

Lee
Sigue el texto en la pantalla.

Escucha
Escucha cada página leída en voz alta.

EYEDISCOVER

Ve a www.eyediscover.com e ingresa el código único de este libro.

CÓDIGO DEL LIBRO

AVH98298